Unser Baby~Tagebuch

Aufzeichnungen und Fotos
im ersten Lebensjahr

Hurra, da bin ich!

Ich heiße
Geboren wurde ich am   um   Uhr
im Krankenhaus   in
Das Wetter an diesem Tag war
Bei der Geburt wog ich   g und war   cm groß.
Meine Augenfarbe war   und meine Haarfarbe
Ärztlich betreut wurde ich von

Hier haben meine Eltern einige Glückwünsche
zu meiner Geburt eingeklebt.

Urgroßvater

Urgroßmutter

Urgroßmutter

Urgroßvater

Großvater

Großmutter

Mutter

Mein Stammbaum

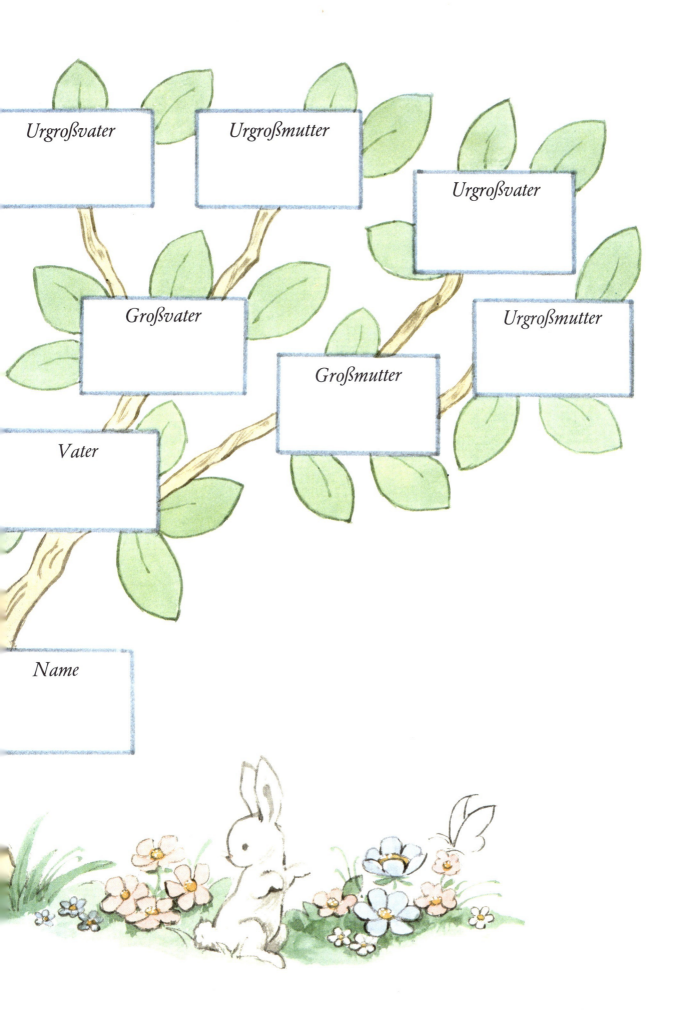

Urgroßvater

Urgroßmutter

Urgroßvater

Großvater

Urgroßmutter

Großmutter

Vater

Name

Ich wurde getauft

Am   in der Kirche
von
Meine Paten sind

Meine Gäste waren

Glückwünsche per Telefon kamen von

Als Geschenk bekam ich

Fotos

Mein Gewicht und meine Größe

	g	cm
1. Woche		
2. Woche		
3. Woche		
4. Woche		
5. Woche		
6. Woche		
7. Woche		
8. Woche		
9. Woche		
10. Woche		
11. Woche		
12. Woche		

Was ich schon alles kann

Mit   fing ich an zu krabbeln.

Mit   *stand ich zum ersten Mal auf eigenen Beinen.*

Das war nicht leicht, und ich fiel manchmal hin.

Meine ersten Schritte machte ich mit

Meinen ersten Besuch machte ich am
Ich war mit   bei

Meine erste Reise war ein aufregendes Abenteuer.
Wir fuhren nach

Meine ersten Zähne

Bitte Nummern für die Reihenfolge und das Datum eintragen.

Mein liebstes Spielzeug

Meine liebsten Geschichten

Diese Lieder höre ich gern

Mamas/Papas Aufzeichnungen

Fotos

Mamas/Papas Aufzeichnungen

Ich heiße zwar
Meine Eltern nennen mich aber oft

Mein erstes Lächeln galt
Das war am

Ich freue mich über

Ich ärgere mich über

Ich werde zornig, wenn

Ich bin schon
sooo groß!

Angaben in g und cm

4. Monat

5. Monat

6. Monat

7. Monat

8. Monat

9. Monat

10. Monat

11. Monat

12. Monat

Fotos

Mamas/Papas Aufzeichnungen

Das esse ich gern

Davon kann ich nicht genug haben

Das mag ich nicht

Fotos

Fotos mit Aufzeichnungen

Am liebsten spiele ich mit

So spiele ich mit Papa

So spiele ich mit Mama

Mein erstes
Weihnachtsfest

Mamas/Papas Aufzeichnungen

Mein erstes
Neujahrsfest

Fotos mit Aufzeichnungen

Mamas/Papas Aufzeichnungen

Mein erster Geburtstag

Fotos

Meine Gäste waren

Geschenkt bekam ich

Fotos mit Aufzeichnungen

Fotos mit Aufzeichnungen

Was ich noch sagen wollte...